January

Income: _____
Electric: _____
Gas: _____
Water: _____
Car Payment: _____
Insurance: _____
Mortgage/Rent: _____
Groceries: _____
Gas: _____
Entertainment: _____
Miscellaneous: _____
Total Bills: _____
Savings: _____
Remainder: _____

Notes:

Febuary

Income: _____
Electric: _____
Gas: _____
Water: _____
Car Payment: _____
Insurance: _____
Mortgage/Rent: _____
Groceries: _____
Gas: _____
Entertainment: _____
Miscellaneous: _____
Total Bills: _____
Savings: _____
Remainder: _____

Notes:

March

Income: _____
Electric: _____
Gas: _____
Water: _____
Car Payment: _____
Insurance: _____
Mortgage/Rent: _____
Groceries: _____
Gas: _____
Entertainment: _____
Miscellaneous: _____
Total Bills: _____
Savings: _____
Remainder: _____

Notes:

April

Income: _____
Electric: _____
Gas: _____
Water: _____
Car Payment: _____
Insurance: _____
Mortgage/Rent: _____
Groceries: _____
Gas: _____
Entertainment: _____
Miscellaneous: _____
Total Bills: _____
Savings: _____
Remainder: _____

Notes:

May

Income: _____
Electric: _____
Gas: _____
Water: _____
Car Payment: _____
Insurance: _____
Mortgage/Rent: _____
Groceries: _____
Gas: _____
Entertainment: _____
Miscellaneous: _____
Total Bills: _____
Savings: _____
Remainder: _____

Notes:

June

Income: _____
Electric: _____
Gas: _____
Water: _____
Car Payment: _____
Insurance: _____
Mortgage/Rent: _____
Groceries: _____
Gas: _____
Entertainment: _____
Miscellaneous: _____
Total Bills: _____
Savings: _____
Remainder: _____

Notes:

July

Income: _____
Electric: _____
Gas: _____
Water: _____
Car Payment: _____
Insurance: _____
Mortgage/Rent: _____
Groceries: _____
Gas: _____
Entertainment: _____
Miscellaneous: _____
Total Bills: _____
Savings: _____
Remainder: _____

Notes:

August

Income: _____
Electric: _____
Gas: _____
Water: _____
Car Payment: _____
Insurance: _____
Mortgage/Rent: _____
Groceries: _____
Gas: _____
Entertainment: _____
Miscellaneous: _____
Total Bills: _____
Savings: _____
Remainder: _____

Notes:

September

Income: _____
Electric: _____
Gas: _____
Water: _____
Car Payment: _____
Insurance: _____
Mortgage/Rent: _____
Groceries: _____
Gas: _____
Entertainment: _____
Miscellaneous: _____
Total Bills: _____
Savings: _____
Remainder: _____

Notes:

October

Income: _____
Electric: _____
Gas: _____
Water: _____
Car Payment: _____
Insurance: _____
Mortgage/Rent: _____
Groceries: _____
Gas: _____
Entertainment: _____
Miscellaneous: _____
Total Bills: _____
Savings: _____
Remainder: _____

Notes:

November

Income: _____
Electric: _____
Gas: _____
Water: _____
Car Payment: _____
Insurance: _____
Mortgage/Rent: _____
Groceries: _____
Gas: _____
Entertainment: _____
Miscellaneous: _____
Total Bills: _____
Savings: _____
Remainder: _____

Notes:

December

Income: _____
Electric: _____
Gas: _____
Water: _____
Car Payment: _____
Insurance: _____
Mortgage/Rent: _____
Groceries: _____
Gas: _____
Entertainment: _____
Miscellaneous: _____
Total Bills: _____
Savings: _____
Remainder: _____

Notes:

www.ingramcontent.com/pod-product-compliance
Lightning Source LLC
Chambersburg PA
CBHW040351220526
45473CB00009B/2852